DES RIMES
A FOISON

Si votre quotidien, quelquefois, vous déprime,
Il faut vous libérer d'un stress bien trop pesant
Alors, évadez-vous dans un monde apaisant,
Celui du rêve offert par le vers et la rime.

Daniel DURAND

DES RIMES

A FOISON

Poésie

PREMIER AMOUR
(sonnet)

Si j'avais le pouvoir de remonter le temps
Je voudrais revenir à cette heureuse époque
Qui fait battre mon cœur sitôt que je l'évoque...
J'allais un mois plus tard fêter mes dix-sept ans.

Dans la douce fraîcheur d'un matin de printemps,
Naquit un fol amour, hélas non réciproque.
Pourtant ce jour de mai reste, sans équivoque,
De ceux que j'ai vécus, l'un des plus importants.

Car aimer à ce point n'a pas de récidive.
Cela vous saisit l'âme et la garde captive.
Jamais tel sentiment ne se ressent deux fois.

Mais unique, éternel à force d'être intense,
Il procure un bonheur qui suffit, toutefois,
A donner à lui seul un sens à l'existence.

LES BEAUTES NATURELLES

Face au lys virginal, à l'œillet maléfique,
Voire au simple chardon, je suis admiratif.
Le monde qui m'entoure est vraiment magnifique,
Et nul ne peut douter de son sens créatif.

On peut rêver, bien sûr, devant des aquarelles,
Mais ne nous leurrons pas, l'art n'a pas pour objet
D'occulter la splendeur des choses naturelles,
Et qui n'ont mérité ni mépris, ni rejet.

A n'avoir pour valeurs que Van Gogh ou Magritte,
On oublie un peu trop de voir, tout simplement,
La beauté d'une rose ou d'une marguerite,
Ou cet astre lointain qui brille au firmament.

Loin de moi le désir de critiquer l'artiste
Dont l'œuvre peut aussi, très souvent, m'émouvoir,
Mais malgré le talent du plus grand portraitiste,
Le modèle est toujours plus agréable à voir.

Un coucher de soleil sur une mer houleuse,
Si bien rendu soit-il par l'auteur du tableau,
Ne saurait exprimer la douceur enjôleuse
Des caresses du vent, le soir, au bord de l'eau.

La nature, il est vrai, reste sans concurrence.
On ne pourra jamais rendre par le pinceau
Le parfum délicat, la subtile fragrance
D'un banal bouton d'or éclos près d'un ruisseau.

LE PRINTEMPS
(sonnet)

C'est, aux yeux de chacun, la plus belle saison,
L'époque où, lentement, s'éveille la nature,
Chassant, du triste hiver, l'horrible dictature,
Qui nous tenait blottis devant l'âtre, au tison.

Des coloris subtils, du vert tendre à foison,
Partout la vie éclate, étonnante aventure.
On peut voir à nouveau le bétail en pâture,
Et contempler déjà la prime floraison.

Dans les champs, les jardins, le laboureur commence
A retourner la terre, à choisir la semence.
On dirait comme un hymne au retour du beau temps.

Et si la brusque averse est quelquefois rageante,
On l'a tant espéré, ce satané printemps,
Qu'on lui pardonnera d'être d'humeur changeante.

LA PROVENCE
(sonnet)

Provence : un nom magique autant qu'évocateur.
Ce mot parle à mon cœur et chante à mon oreille,
Province ensoleillée, à l'aura sans pareille,
Dont si souvent le charme inspira le conteur.

Quand la douceur du soir exalte ta senteur,
Heureux comme un marin dont la barque appareille,
Ou tel un vigneron lorsqu'il soigne sa treille,
Je ne peux me lasser de ton site enchanteur.

C'est Daudet, brusquement, qui me saute au visage.
Et je découvre alors un autre paysage,
Avec, dans la garrigue, un modeste moulin,

Où l'ami de Mistral, enivré de nature,
Bercé par la clarine au son si cristallin,
Ajoutait un chef-d'œuvre à la littérature.

LES COUSINS

L'accent particulier, si caractéristique,
Fait naître à notre lèvre un sourire narquois.
Mais ils parlent français... Qu'ils ont l'air sympathique,
Nos cousins québécois.

Ils ont gardé l'amour de notre vieille France.
Leurs ancêtres lointains sont venus autrefois
De Bretagne ou d'Auvergne. Ils aiment qu'on y pense,
Nos cousins québécois.

Ils vont "magasiner" à cent mètres sous terre,
Ou font un "brûle-au-vent" le dimanche, parfois.
Leur langage a pour nous des relents de mystère,
Aux cousins québécois.

Leur pays, c'est l'hiver, chante un de leurs poètes.
C'est vrai qu'ils sont gâtés, sur le plan des grands froids.
Mais ils ont constamment du soleil dans leurs têtes,
Nos cousins québécois.

Goûtant à leurs bleuets, à leur sirop d'érable,
Vous serez accueillis en amis sous leurs toits.
Ils vous feront aimer leur contrée admirable,
Nos cousins québécois.

Mais le séjour prend fin. Trop brève est la visite.
En quittant ce pays, ses grands lacs et ses bois,
On n'a plus qu'une envie : aller revoir bien vite
Nos cousins québécois.

SAN-ANTONIO
(Sonnet)

Ce total renouveau de la littérature,
J'avais juste quinze ans quand je l'ai découvert.
Je basculais alors dans un autre univers,
Et n'allais plus jamais en cesser la lecture.

Ce ton provocateur semblait une imposture,
Mais pourtant je compris, sitôt le livre ouvert,
Qu'on n'avait plus besoin d'écrire à mot couvert.
L'écrit, comme l'oral, était enfin mature.

Désormais, j'allais vivre avec plus d'un ami :
Béru, Pinaud, Félix, et plus tard Salami,
Qui pour moi devraient prendre une extrême importance.

Sans eux, j'aurais peut-être eu peine à supporter
Le malheur qui parfois, frappe avec insistance.
Bravo donc, Frédéric, et merci d'exister…

ACROSTICHE POUR FREDERIC

Faut-il que je redise aujourd'hui tout l'émoi
Ressenti quand j'appris son décès trop précoce ?
Écrivain découvert alors que j'étais gosse,
Dard était un modèle, un vrai maître pour moi.
Écrire était son but et sa raison de vivre,
Rarement un auteur m'a su tant captiver.
Il avait comme un don pour me faire rêver.
C'est à lui que je dois mon grand amour du livre.
Depuis deux mille, hélas -c'est déjà si lointain...?-
Après son grand départ, ma tristesse est intense.
Restent tous ses romans, grâce auxquels l'existence
Doit d'avoir quelquefois un intérêt certain.

MERCI PATRICE

J'ai la chance et l'honneur de connaître Patrice,
Fils de Frédéric Dard, mon vrai maître à penser,
Génial écrivain, dont l'œuvre créatrice
Se lit et se relit sans jamais vous lasser.

Quelle vie aurais-je eu si, dès l'adolescence,
Je n'avais découvert ce prolifique auteur
A qui l'écrit devait comme une renaissance.
J'en devins aussitôt fervent admirateur.

Ce langage imagé, renouveau littéraire,
Qu'à l'époque on tenait pour propos graveleux,
Dénotait un esprit rebelle et téméraire
M'ouvrant des horizons pour le moins fabuleux.

L'ineffable Pinaud, la douce Félicie
Blanc, l'ancien balayeur devenu policier,
Alfred et Bérurier... Ah ! Combien j'apprécie
Tous ceux nés du talent d'un si grand romancier.

Ces amis de toujours -j'en frémissais d'avance-
Risquaient de disparaître avec leur créateur,
Mais fort heureusement, l'on doit leur survivance
A Patrice, héritier de leur monde enchanteur.

L'EXODE RURAL
(sonnet)

Comme on vivait heureux, jadis, dans mon village !
Le temps coulait, paisible, au rythme des saisons,
Entre labours, semis, récoltes, fenaisons
Et parfois quelque angoisse au moment du vêlage.

Attirés par la ville et tout son racolage,
Certains ont déserté leurs modestes maisons,
Se donnant à cela de multiples raisons.
Mais le regret, pourtant, va grandir avec l'âge.

Qui commet des erreurs doit en payer le prix.
On est le seul fautif si l'on n'a pas compris
Que le bonheur se trouve où l'on a ses racines.

Me voilà donc morose, et triste, désormais :
Les prés, le seigle blond, l'odeur des capucines
Et le chant des oiseaux me manquent à jamais.

HUGO, PRENOM VICTOR

Le siècle avait non pas deux ans, comme on le pense,
Mais n'en comptait qu'un seul en l'an mil huit cent deux,
Quand Léopold Hugo déclara la naissance,
Le vingt-six février, d'un enfant souffreteux.
Ce général d'empire, et Trébuchet Sophie,
Couple mal assorti, parents déjà deux fois,
Dont l'épouse espérait mettre au monde une fille,
Ne pouvaient se douter que cet... « enfant sans voix,
Sans regard, sans couleur », comme il dirait lui-même,
Petit être falot au futur incertain,
Deviendrait ce géant, ce maître du poème,
Écrivain de génie au fabuleux destin.
Mais si chacun connaît son parcours littéraire,
On en sait moins sur l'homme ou sur ses sentiments,
Et sur sa vie intime... Étrange itinéraire
De quelqu'un qui vécut de pénibles moments,
Perdant ceux qu'il aimait, sa fille préférée,
Mais aussi ses deux fils et, comble de malheur,
Sa Juliette Drouet, la maîtresse adorée,
Et son épouse Adèle. En outre, il fit l'erreur
De soutenir un temps la cause royaliste,
-Ce « faux pas » lui vaudra près de vingt ans d'exil-
Mais c'était avant tout un pur idéaliste
Rêvant d'Europe unie... Et d'ailleurs, aurait-il,
Sans ce besoin d'excès, écrit tant de merveilles
Dont, deux cents ans plus tard, on se régale encor,
Qui charmeront toujours nos yeux et nos oreilles :
L'immense œuvre du grand HUGO, prénom Victor

SUZY
(A ma petite fille décédée le 19 août 2003 à l'âge de 18 mois)

C'est comme si, soudain, l'on m'arrachait le cœur.
Je ne puis accepter cette horrible nouvelle :
Ma petite Suzy, gentille, douce et si belle,
A gommé pour toujours son sourire moqueur.

Dans un cercueil tout blanc, son petit corps repose.
Une étoile de plus scintille au firmament.
Si j'étais le bon Dieu, j'aurais honte, vraiment,
D'avoir osé voler sa vie à peine éclose.

Quels mots pourraient décrire un pareil désespoir ?
Rien ne viendra combler l'épouvantable absence.
Mon futur sera fait de chagrin, de souffrance
A revivre sans fin notre ultime au revoir.

Juste un prénom, un nom, et deux dates trop proches,
Gravés en lettres d'or sur un marbre glacé…
De n'avoir su prévoir ce malheur insensé,
Je m'en ferai toujours les plus amers reproches.

Ce qui, jusqu'à présent, me semblait essentiel
Est devenu futile et n'a plus d'importance
Face à ce drame affreux : ta si courte existence.
On compte désormais un nouvel ange au ciel.

LE RENIEMENT

Le Ciel, à mon égard, s'est montré trop méchant ;
A compter d'aujourd'hui, je m'estime en partance.
Je vais passer la fin de ma triste existence
A traîner ma douleur de l'aube au jour couchant.

On ne se remet pas d'un si terrible drame :
Le décès d'une enfant d'à peine dix-huit mois,
A l'âge où l'on s'éveille à ses premiers émois.
J'aurais donné pour elle et ma vie et mon âme.

Qu'on ne me dise pas que le temps passera,
Qu'il en reste beaucoup autour de moi, que j'aime.
Je me sens amputé d'une part de moi–même,
Et cette plaie à vif, toujours s'agrandira.

A de nombreux « pourquoi ? », je n'ai pas la réponse.
Pourquoi m'avoir plongé dans cet affreux tourment ?
Qu'ai-je fait pour subir un si dur châtiment ?
J'avais un peu la foi, c'est fini, j'y renonce.

En effet, comment croire à la bonté d'un Dieu
Capable de causer ce malheur impensable.
S'il existe, il ne peut pour moi qu'être haïssable.
Je te dis « A jamais », Suzy, mais pas adieu.

TIMMY
(A mon petit-fils, le frère de Suzy,
Décédé le 11 décembre 2004 à l'âge de 26 jours)

Il est, décidément, de tristes destinées.
Tu viens de refermer un œil à peine ouvert.
Merci du fond du cœur, pour nous avoir offert
Tant de joie et d'amour en si peu de journées,

Ne nous lamentons pas sur ce sort malfaisant,
Certains mots sont si durs qu'on ne peut les écrire.
Je préfère garder ton merveilleux sourire
Comme un don qu'on m'a fait, un fabuleux présent.

Moins d'un mois de bonheur, c'est à prendre quand même.
Si bref a-t-il été, je l'ai pourtant connu.
C'est vrai que dans nos bras, l'on t'a trop peu tenu,
Mais malgré ton départ, c'est pour toujours qu'on t'aime.

Si tu n as qu'entrevu le monde et sa noirceur,
Tu restes pour nous tous un cadeau magnifique.
Au-delà de l'espace, et du temps maléfique,
Petit être chéri, vole, et rejoins ta sœur.

L'URBANISATION
(sonnet)

Où fleurissaient jadis la rose et le jasmin,
Le béton, désormais, remplace la verdure.
On prépare, il me semble, avec désinvolture,
A notre descendance un triste lendemain.

Quelle horrible folie a frappé l'être humain ?
Il massacre et détruit la si belle nature.
Que sera l'avenir, l'existence future,
Sans le moindre bosquet, le plus petit chemin... ?

Respectons la planète, arrêtons les saccages !
Laissons donc les oiseaux nicher dans les bocages,
Et croître l'herbe folle au bord de nos sentiers.

Si le pire, à ce jour, est encore évitable,
Il faut très vite agir, pour que nos héritiers
Ne se voient pas léguer un monde inhabitable.

LA POESIE
(Rondel)

On a besoin de poésie
Dans un monde où tout est laideur.
Je la défends avec ardeur,
Et le dis sans hypocrisie.

Voyez la rose cramoisie :
Pour n'en pas oublier l'odeur,
On a besoin de poésie
Dans un monde où tout est laideur.

Voilà pourquoi je m'extasie
Devant les vers et leur splendeur.
La rime a gardé sa grandeur,
Le nier est une hérésie,
On a besoin de poésie.

LA RENCONTRE

Voilà que le hasard nous remet en présence,
Et c'est plus de trente ans que je vois s'effacer.
Soudain, je me retrouve en pleine adolescence,
Notre histoire, à tous deux, venait de commencer...
Ce que je crus d'abord une simple amourette
Allait pourtant changer ma vie à tout jamais.
Cupidon, décochant quelque flèche discrète,
M'avait percé le cœur. Et voilà, je t'aimais.
Pourquoi m'a-t-il fallu si longtemps pour comprendre,
Laissant ainsi s'enfuir tout espoir de bonheur...?
Car tu n'avais pas eu la force de m'attendre.
Me restait à payer le prix de cette erreur ;
Mon futur s'annonçait on ne peut plus tragique :
Devoir vivre sans toi... Terrible châtiment !
Oh ! J'ai souvent rêvé de baguette magique
Qui me délivrerait de cet envoûtement,
M'ôtant le souvenir des traits de ton visage
Celui de ton parfum et du grain de ta peau,
Du sein ferme et si doux qui gonflait ton corsage,
De ton rire joyeux comme un air de pipeau.
Mais je n'ai jamais pu sortir de ma mémoire
L'or de ta chevelure aux reflets si soyeux.
De même, il était vain, beaucoup trop illusoire,
De croire un jour possible un oubli de tes yeux,
De ton regard si pur, clair comme une eau de source,
Tantôt bleu, tantôt gris, changeant selon l'humeur.
D'ailleurs, pour lui, le temps a dû stopper sa course.
Il est resté profond, toujours aussi charmeur.

Et je retrouve intacte, à ta lèvre boudeuse,
Cette adorable moue... Allons, c'est bien ainsi.
L'important n'est-il pas que toi tu sois heureuse ?
Le sort me fut cruel mais je lui dis merci,
Car c'est un peu de toi, ce feu qui me dévore.
Non, ne dis rien surtout ! Attends quelques instants.
Laisse-moi juste croire une minute encore
Que nous avons tous deux, à nouveau, dix-sept ans.

LA RIVIERE

J'ai ce beau souvenir au fond de ma mémoire
D'un cours d'eau nonchalant blotti dans les roseaux.
De grands saules pleureurs, paradis des oiseaux,
Ombrageant son parcours, se miraient dans sa moire.

J'ai toujours ignoré de quel amont lointain
Il prenait son essor. Il traversait la plaine,
Saluait en passant libellule ou phalène,
Coulait sans se presser vers un but incertain.

Parfois un trait d'argent, brusquement, zébrait l'onde
Et c'en était fini du moustique imprudent.
C'est la loi de nature, il faut bien un perdant.
La truite avait déjà regagné l'eau profonde.

Il ne mesurait pas le chemin parcouru.
Il allait devant lui, s'éloignant de sa source,
Et si quelque rocher le gênait dans sa course,
Il sautait sans effort cet obstacle incongru.

J'ai gardé dans mon cœur ce joli paysage,
Où je flânais jadis à la belle saison.
Un rayon de soleil, trouant la frondaison,
Venait me caresser les bras ou le visage.

La vie, à cet instant, prenait tout son attrait.
Savait-il, ce cours d'eau, la fin de son histoire ?
Il allait épouser la Garonne ou la Loire,
Et de leurs flots unis, un océan naîtrait.

LES PRODUITS DU TERROIR
(sonnet)

Quand on me dit Cambrais, je rétorque bêtise.
Si l'on me parle d'Aix, je réponds calisson.
Évoquez donc Lyon, j'entendrai saucisson,
Et vous verrez mon œil briller de convoitise.

Respecter le terroir est un peu ma hantise :
Chaque ville, ou province, a "son" plat, "sa" boisson.
C'est au bord de la mer qu'on savoure un poisson !
Manger la bouillabaisse au Mans serait sottise.

Qui voudrait déguster un cassoulet normand,
Ou de Montélimar ? Sans rire, assurément,
On n'y songe pas plus qu'au "bœuf à la Sétoise"...

Régalons-nous alors en constatant ceci :
La cancoillotte est faite en terre franc-comtoise,
La potée en Auvergne, et c'est très bien ainsi !

VIEILLIR

Pourrai-je admettre un jour de n'avoir plus seize ans ?
Je ne supporte pas de voir, à toute allure,
S'éclaircir, et surtout blanchir ma chevelure.
Le Temps a des effets pervers et malfaisants.

De Gaulle avait raison : vieillir est un naufrage.
Le corps s'abîme et sombre ainsi qu'un frêle esquif
Ballotté sans répit de l'écueil au récif.
Le plus grand ennemi de l'Homme est bien son âge.

Chaque instant qui s'écoule est un pas vers la mort.
On ne peut ni stopper, ni ralentir sa course,
Ni, comme on le voudrait, revenir à la source
Pour changer son destin, connaître un autre sort.

Le combat qui m'oppose au terrible Saturne,
Par avance est perdu car, en finalité,
Comme chaque être humain de toute éternité,
Je n'aurai pour seul choix que le cercueil ou l'urne.

Je semble tenir là des propos bien amers.
Ce n'est pas que je pense être au bout de ma route.
J'ai dépassé de peu le mi-parcours sans doute,
Et je n'ai pas encore écrit mes plus beaux vers.

Mais un tourment me ronge : Où donc est mon enfance ?
Que reste-t-il en moi de cet heureux gamin,
De ses rêves qui, tous, sont restés en chemin ?
La vie a sabordé sa trop belle innocence.

Devrait-on sans remord effacer le passé ?
Ne plus se souvenir du temps de sa jeunesse ?
Pour ma part, il faut bien que je le reconnaisse,
Entre hier et demain n'existe aucun fossé.

Ce que j'étais jadis ne saurait disparaître.
Même si le futur a des aspects plaisants,
Je n'admettrai jamais de n'avoir plus seize ans.
Peut-être qu'après tout, l'erreur ce fut de naître.

LE CLOWN
(Sonnet)

Une perruque hirsute, un costume insensé...
Il déclenche le rire en entrant sur la piste,
Et déjà les bravos crépitent pour l'artiste
Qui salue en ôtant son chapeau cabossé.

Sous son masque grotesque au gros nez retroussé,
Il est aussi jongleur, écuyer, trompettiste.
C'est même, il faut le dire, un bon instrumentiste.
Son immense talent n'est pas controversé.

Trop tôt pour le public, son spectacle s'achève,
Mais chacun garde en tête encore un peu de rêve.
Il n'a pas son pareil pour tous nous enchanter.

C'est un très grand comique, un clown comme on les aime,
Toujours drôle et joyeux... Nul ne doit se douter
Que son petit garçon est mort le matin même.

TRANSHUMANCE

Le berger, solitaire au cœur de son alpage,
Quand le soir est venu, veille sur ses moutons.
C'est que là-haut, bien sûr, rôdent les loups gloutons
Sachant trouver pitance où pousse un tendre herbage.

Il est maître en ces lieux, savoure en connaisseur
Le calme reposant de la nuit estivale.
Vénus fait admirer sa beauté sans rivale.
Sur le vaste plateau, tout est calme et douceur.

On entend quelquefois une agnelle apeurée
Émettre sans raison un bêlement craintif.
La bête, que dérange un vague bruit furtif,
Voyant que rien ne bouge, est bientôt rassurée.

Deux gros chiens fatigués se sont vite endormis,
Allongés sur le sol près de la bergerie.
Une lune sans voile éclaire la prairie ;
On sent que pour demain le beau temps est promis.

Le pâtre sait combien sa tâche est d'importance.
Grâce à lui, les brebis donnent ce lait crémeux
Dont on fait, dans l'Aubrac, des fromages fameux.
Il ne pouvait rêver de plus belle existence.

MARGOT

Elle avait pour défaut d'être bien trop jolie,
Et sa malchance fut de croiser le chemin
D'un pervers détraqué, fauve à visage humain,
Dont on ne pouvait pas deviner la folie.

Bien sûr, elle attendait beaucoup de l'avenir,
Ressentait avant tout la légitime envie
De fonder un foyer, de transmettre la vie
A deux ou trois bambins qu'elle aurait vu grandir.

Un retraité paisible, en promenant sa chienne,
A découvert son corps caché dans un buisson.
Il a, quand il en parle, encore un grand frisson.
La pauvre enfant, c'est vrai, ressemblait à la sienne.

Un gendarme est venu réveiller les parents,
Les plonger malgré lui dans la peine indicible.
Messager d'un malheur que l'on croit impossible,
Il a dû vivre là des instants déchirants.

Pas de tabac, d'alcool, très sage et studieuse,
Elle était fille unique et faisait leur fierté.
Les rêves, les projets, cela s'est arrêté.
L'existence leur est devenue odieuse.

Supposons qu'on arrête un jour son assassin.
Vous verrez, ce sera presque lui la victime.
Psychiatres, jurés, fouillant sa vie intime,
Trouveront excusable un être aussi malsain.

Et qu'il regrette ou non, pour les parents qu'importe ?
Margot n'aura jamais fêté ses dix-sept ans.
Son bourreau, quant à lui, vivra bien plus longtemps.
Le bonheur, à jamais, leur a fermé sa porte…

L'ENFANCE

On a tous en mémoire un très bon souvenir
D'un temps qu'on dit heureux, celui de notre enfance,
L'époque où, devant soi, s'ouvre cet avenir
Forcément merveilleux, on le sait par avance.
C'est vrai que, pour ma part, si j'ai quelque regret,
C'est qu'hélas cette époque ait été bien trop brève,
Mais je peux l'avouer sans trahir un secret,
Elle perdure encore et jamais ne s'achève.
Je vais donc vous parler sans fard, à cœur ouvert,
De ce que fut ma vie en ma prime jeunesse,
Dans ce massif lorrain où rude était l'hiver.
C'est là que le destin a voulu que je naisse.
Pour aller à l'école, à tout juste cinq ans,
Je faisais chaque jour, à pied, six kilomètres.
De semblables trajets étaient alors fréquents
Mais ne semblaient pas longs dans ces décors champêtres.
C'est très bref un voyage avec des papillons
Égayant de leur aile aux couleurs chatoyantes
Les champs de blé dorés, quand l'appel des grillons
Compose une musique aux notes distrayantes.
Sur le bord de la route, un petit ruisselet
Abritait une faune en tout point fascinante :
Le moustique y dansait un incessant ballet,
Manne pour la rainette à la voix dissonante
A quelques pas de là, dans les prés alentour,
De placides bovins broutaient une herbe tendre,
Et je les retrouvais le soir à mon retour,
N'ayant fait, semblait-il, rien d'autre que m'attendre.

Le jeudi, -pour l'époque un jour très important,
Puisque c'est ce jour là que l'on n'avait pas classe-
Le temps passait trop vite, et pas un seul instant,
Dans notre vie alors l'ennui n'avait sa place.
Le choix était si vaste, entre nos mille jeux,
Faire un bouquet de fleurs, de longues promenades,
Et quand venait novembre, un blanc manteau neigeux
Nous offrait le plaisir d'exaltantes glissades...
Quand je vois aujourd'hui ces enfants des cités,
Ignorant à jamais jusqu'au mot de campagne,
Ne sachant s'amuser que d'incivilités,
Je les plains de tout cœur, car pour eux c'est le bagne.

LE DERRIERE

J'ai connu des fessiers qui pendaient tristement,
D'autres dont la largeur étonne et stupéfie,
Certains trop rebondis, et dont on se méfie,
Quelques-uns dont l'aspect décourage un amant.

Mais le vôtre, Madame, est un objet sublime.
On chercherait en vain le plus petit défaut
A ces globes charnus, galbés comme il le faut.
Tant de perfection est chose rarissime.

Je voudrais être un peintre et l'immortaliser
D'un pinceau créatif que le génie inspire.
Faute d'un vrai talent, ce rêve auquel j'aspire,
Hélas, ne se pourra jamais réaliser.

C'est péché de couvrir par un tissu pudique
Ce superbe séant qu'on devine enchanteur.
Oserait-on soustraire aux yeux de l'amateur
Un marbre de Rodin, une statue antique ?

Il égale en beauté le sourire envoûtant
D'une Mona Lisa, l'éclat d'une améthyste.
Et si son grain de peau séduit l'œil de l'artiste,
Son modelé parfait l'attire tout autant.

L'esthète que je suis admire et s'émerveille :
Un tel postérieur est plus qu'une œuvre d'art,
Et ce n'est pas, je crois, me conduire en soudard
De dire qu'il viendra charmer mes soirs de veille.

LE MUSCAT DE FRONTIGNAN
(Sonnet)

En ce beau pays d'Oc au charme inimitable,
Le soleil, si souvent, se montre généreux,
Et dispense à l'envi ses rayons chaleureux,
Donnant à notre vigne un plus incontestable.

On fait, de nos raisins ce nectar délectable,
Avec un corps parfait, charpenté, plantureux,
Qui, simplement, nous aide à nous sentir heureux.
Il a place attitrée à la plus humble table.

Pour exalter, d'un plat, la subtile saveur,
Sa robe et son bouquet vous laisseront rêveur.
Nul ne devrait mourir, il faut qu'on le proclame,

Sans avoir découvert ce vin si délicat.
Plutôt qu'à Napoli, puis après rendre l'âme,
Venez à Frontignan déguster son muscat.

LA FUTURE MAMAN

Rien ne m'émeut autant que ce ventre arrondi
Où palpite une vie, et je clame sans cesse :
Honte à tous ces goujats dénigrant la grossesse
En disant que le corps est difforme, enlaidi.

J'aimerais exprimer, par le biais de la rime,
Cet évident constat. Il faut l'en assurer,
La femme enceinte est belle. On ne peut qu'admirer
Son regard lumineux où le bonheur s'exprime.

Faisant fi des douleurs et des désagréments,
Elle sait supporter cet état qu'elle assume.
C'est comme un feu sacré qui dès lors la consume,
Et semble, par magie, occulter ses tourments.

Un être va bientôt s'ouvrir à l'existence.
Sera-t-il boulanger, facteur, laborantin ?
Dans le monde à venir, quel que soit son destin,
Il a déjà sa place et beaucoup d'importance.

Soyez fière du lait qui gorge votre sein.
Exhibez votre masque, et votre taille épaisse.
Votre rôle est si beau. Perpétuer l'espèce
Est le plus merveilleux, le plus noble dessein.

L'humanité n'existe et ne doit sa survie
Qu'à ce cadeau sublime : accepter d'enfanter.
Je veux vous rendre hommage et vous féliciter.
Je l'affirme aujourd'hui, femmes, je vous envie.

L'AMANTE ENDORMIE
(Triolets)

Tu dormais sous un arbrisseau,
T'en souviens-tu, ma douce amante ?
Allongée au bord d'un ruisseau,
Tu dormais sous un arbrisseau.
J'avais ma toile et mon pinceau,
J'ai peint cette scène charmante.
Tu dormais sous un arbrisseau,
T'en souviens-tu, ma douce amante ?

Dans ce décor si captivant,
On entendait un doux murmure.
Le spectacle était émouvant
Dans ce décor si captivant.
Sous le souffle léger du vent,
Bruissait la frêle ramure.
Dans ce décor si captivant,
On entendait un doux murmure.

Au rythme du chant des grillons,
Autour de toi, belle princesse,
Voletaient quelques papillons,
Au rythme du chant des grillons.
Le soleil dardait ses rayons,
La lumière changeait sans cesse,
Au rythme du chant des grillons.
Autour de toi, belle princesse.

L'INDIEN
(sonnet)

J'étais ici chez moi, dans ce grand territoire,
Libre, avec mes chevaux, mes troupeaux de bisons,
Jusqu'à ce maudit jour où les Blancs, sans raisons,
Sont venus nous voler notre âme et notre histoire.

Décimant nos tribus -quel exploit méritoire-
Et brûlant nos tipis pour bâtir leurs maisons,
Ils disaient : "Gloire à nous, qui les civilisons !"
Ils devraient avoir honte et non chanter victoire.

C'est l'œuvre de déments, ce génocide affreux,
L'acte de criminels et de fous dangereux,
Qu'à toute époque, hélas, trop souvent l'on observe.

Sioux, Cheyenne, Iroquois, Cree, Apache, Algonquin...
Chacun vit désormais parqué dans sa réserve,
Mais nous seuls incarnons le peuple américain.

L'ANDOUILLE DU VAL D'AJOL
(Sonnet)

Plutôt que d'aligot, de rumsteck charolais,
De choucroute au vin blanc, de volaille en terrine,
De tourteaux, de homards, à la senteur marine,
Je voudrais vous parler d'un délice ajolais.

Un morceau de pain bis, un pot de beaujolais,
Le fumet capiteux qui monte à ma narine,
Et voilà que frémit ma lèvre purpurine
Tandis qu'un goût suave enchante mon palais.

Béni soit-il, ce mets, dont la délicatesse
Engendre tant de joie, et chassant la tristesse,
Fait naître en notre corps d'aussi subtils frissons.

Qu'importe, ami chasseur, que tu rentres bredouille,
Et tant pis si le fleuve a gardé ses poissons,
Pourvu que nul, jamais, ne soit privé d'andouille.

ADIEU MON ENFANCE

Quand j'ai revu ce coin de France
Où je naquis un jour d'été,
Au lieu du plaisir escompté,
J'ai ressenti peine et souffrance.

Mon beau village a tant changé...
J'en ai perdu tous mes repères.
Ce qu'avait respecté nos pères
Est brisé, détruit, saccagé.

Le site aux alentours m'offense,
Si contraire à mon souvenir.
Le Ciel voudrait-il me punir
En me reprenant mon enfance ?

Je cherche en vain les ruisselets
Dans lesquels, avec maladresse,
Je traquais la truite traîtresse
Et le goujon, sous les galets.

Où sont passés les pâturages ?
Les champs de seigle ou de lupins ?
Et le petit bois de sapins
Qui bravait l'assaut des orages ?

Je savais, bien évidemment,
Où poussait le roseau gracile.
Il m'est pourtant très difficile
D'en situer l'emplacement.

Les crapauds-buffles, dans la mare,
Et leur vacarme assourdissant,
Je donnerais cher à présent
Pour entendre leur tintamarre.

Rossignol et merle moqueur
Ont cessé leur chanson magique.
Serais-je à l'excès nostalgique ?
Pour moi, c'est un vrai crève-cœur.

Quand même ! Un lapin qui détale
A travers un labour fumant,
C'est un spectacle plus charmant
Que ce froid béton qui s'étale.

Le temps qui passe est sans merci,
Usant, sapant, minant sans trêve,
Effaçant jusqu'au moindre rêve...
Je ne reviendrai plus ici.

LA VEILLEE

On vit mieux qu'autrefois. Pourtant,
J'éprouve un peu la nostalgie
Des soirs d'hiver à la bougie.
Un bon feu de bois crépitant
Engendrait une belle flamme
Illuminant l'âtre noirci,
Ardente et fascinante aussi,
Qui nous chauffait le corps et l'âme.
On était bien dans la maison,
Réunis autour de la table.
Les veaux, bien au sec à l'étable,
Mugissaient parfois sans raison.
La terre, divin privilège
Pour nous tous qu'elle nourrissait,
Jusqu'au printemps se reposait
Sous un épais manteau de neige.
Dehors, le vent soufflait, rageait
De ne pas pouvoir nous atteindre
Et d'essayer en vain d'éteindre
Le foyer qui nous protégeait.
Quelques moineaux cherchant pitance,
Tentant d'entrer dans le logis,
Se heurtaient aux carreaux blanchis
Pour fuir ce froid par trop intense.
Les femmes tricotaient, parlaient,
Et les hommes jouaient aux cartes.
Je sens toujours l'odeur des tartes
Dont les enfants se régalaient.

L'horloge au tic-tac impassible
Rythmait le temps qui s'écoulait.
Près du feu, le chat somnolait.
Tout était tranquille et paisible.
Sous un climat si rigoureux,
La vie à l'époque était dure,
Mais malgré frimas et froidure,
Nous étions vraiment très heureux.

RAJEUNIR

Retrouver ses quinze ans, qui n'en a pas rêvé ?
Alors, imaginons qu'un jour la chose arrive.
Ses effets, voulez vous que je vous les décrive ?
Le bonheur qu'on espère est loin d'être prouvé.

Ainsi, vous aimeriez avoir à tout revivre.
D'accord : second départ de la dolce vita,
On redevient puceau, boutonneux, et bêta.
Ce n'est rien à côté de ce qui va s'ensuivre.

Il est bien évident qu'on doit recommencer
Une vie éprouvante aux charmes contestables.
J'ai trop de souvenirs de moments détestables,
En avoir de nouveaux, je ne puis y penser.

Car le temps reprendrait son œuvre destructrice.
Avez-vous oublié votre premier tourment,
Ce grand chagrin d'amour. En guérit-on vraiment...?
Mon âme a conservé sa triste cicatrice.

Cessons d'entretenir ce fantasme anormal,
Négatif, désastreux, malgré les apparences.
On subirait deux fois les drames, les souffrances,
La perte d'êtres chers... Cela ferait trop mal.

N'ayons aucun regret, mieux vaut tourner la page,
Accepter sagement de vieillir. En tout cas,
Libre à vous d'espérer retrouver ces tracas,
Mais pour moi, non merci ! Je suis bien dans mon âge.

LE CHOMEUR
(sonnet)

« Non, je suis désolé, nous n'embauchons personne. »
Et l'homme est reparti, le front bas, dos voûté.
Il a trop l'habitude, il n'a pas insisté.
Mais ce nouveau refus, c'est comme un glas qui sonne.

Est-ce un si grand délit, le cheveu qui grisonne ?
Ne plus avoir vingt ans, est ce une infirmité...?
Il ne veut qu'un emploi, non pas la charité.
Le Monde, assurément, s'égare et déraisonne.

Demain sera pareil à tous les autres jours.
Il n'en peut plus d'attendre et d'accepter, toujours,
La maigre indemnité que l'ASSEDIC accorde.

A quoi bon s'acharner lorsqu'on a tout perdu...
Il suffit d'un crochet pour attacher la corde.
Alors, à bout d'espoir, un chômeur s'est pendu !

FLEURS SAUVAGES
(Rondel)

Entre la rose et l'immortelle,
Je ne sais laquelle choisir.
Pour les yeux, c'est un vrai plaisir,
L'une est velours, l'autre est dentelle.

Ornant muraille ou capitelle,
Contemplons les tout à loisir.
Entre la rose et l'immortelle,
Je ne sais laquelle choisir.

Pourquoi l'une nous punit-elle
Lorsqu'on tente de la saisir ?
Pour nous en ôter le désir...?
En tout cas mon cœur s'écartèle
Entre la rose et l'immortelle.

MON PARADIS

Quand l'heure aura sonné de mon dernier banquet,
Que la dame à la faux me dira « je t'invite »,
Ne vous cotisez pas pour m'offrir un bouquet.
Les fleurs du souvenir se fanent bien trop vite.

Et si, tout simplement, je me trouvais ailleurs...
Dans un monde plus beau que nul ne peut connaître,
Où je pourrais enfin goûter des jours meilleurs,
Un nouvel univers qui m'aurait vu renaître.

Mourir serait alors une formalité,
Banal événement sans aucune importance,
Si ce n'est le chagrin de ceux qu'on a quitté
Et qui ne savent rien de cette vie intense.

Certains vous parleront d'un Éden fabuleux,
D'un petit coin de ciel habité par les anges.
Voir la survie ainsi me paraît nébuleux.
Je ne crois pas un mot de ces propos étranges.

J'imagine autre chose, un espace infini
Sans haine, sans conflits, sans douleurs et sans larmes.
J'ai bon espoir qu'existe un tel endroit béni
Où la joie et l'amour seraient les seules armes.

Aussi, quand les journaux vous diront mon trépas,
Chassez de votre cœur la peine et la tristesse,
Évitez les sanglots, et ne me plaignez pas.
Un bonheur m'est promis, qui n'aura pas de cesse.

LE DEALER
(Sonnet)

Il n'a pas de remords à vendre son poison.
Ses clients vont mourir ? Voilà qui l'indiffère.
S'ils veulent se tuer, ce n'est pas son affaire.
Le commerce doit vivre, il faut garder raison.

L'enfer du jeu, la drogue, ou même la boisson,
Chacun peut, à son goût, choisir ce qu'il préfère,
Et sait ce qui l'attend. Que pourrait-il y faire ?
Il ne se sent coupable en aucune façon.

Autant que vous sans doute il flétrit les crapules,
Les bandits, les escrocs, tous ces gens sans scrupules.
Il est d'ailleurs connu très honorablement.

Les notables locaux l'ont inscrit sur leur liste.
Mais vous le rencontrez, j'en suis sûr, fréquemment.
Tiens, le voilà ! "Bonjour, Monsieur le buraliste..."

LA FEMME ET LA MER

La femme en habits noirs au bord de la falaise
Laisse ses yeux errer sur le flot rugissant.
A contempler la scène, on ressent un malaise,
Dû, peut-être en partie, au décor angoissant.

On devine sans peine un récit dramatique ;
Cette femme immobile incarne le malheur.
On sait, en découvrant son regard pathétique,
Que rien ne viendra plus apaiser sa douleur.

N'allez pas lui parler de destin, de malchance.
Elle avait deux grands fils et la mer les a pris,
Comme avant, son époux. C'est l'horrible vengeance
D'un monstre sanguinaire, elle l'a bien compris.

Sur qui se reposer ? De quoi survivra-t-elle ?
Elle est seule à présent, la veuve du pêcheur !
Elle voue à ces eaux une haine mortelle
Et, face à l'ennemi, brandit son poing vengeur.

Tous les jours, on la voit regarder sans rien dire
Ce cruel océan qu'on ose trouver beau.
Ne conviendrait-il pas plutôt de le maudire ?
Pour elle, c'est certain, la mer n'est qu'un tombeau.

LE CLOCHARD
(sonnet)

Lassé d'une existence assez absurde et vaine
Dont le seul but était respectabilité,
J'ai choisi sans regrets plein air et liberté
Bonheur offert à tous par les quais de la Seine.

De très gros revenus me suffisaient à peine :
Voiture, impôts, loisirs... en un mot, vanité.
A présent, cinq euros, c'est la félicité.
Même, je me nourris d'une façon plus saine.

Mes nouveaux compagnons sont des gens très plaisants,
Plus dignes de respect que bourgeois méprisants.
J'eus vraiment perdu gros de ne pas les connaître.

Pour eux, je suis Robert, ou l'Artiste. En tout cas,
Il est très loin le temps où l'on me disait "Maître."
Ils ne sauront jamais que j'étais avocat...

LE COBAYE
(sonnet)

J'ai, tout au fond du cœur, un trou de forme étrange
Dont le contour évoque un petit animal.
Son trépas imprévu m'attriste et me fait mal.
Un cochon d'Inde aussi peut devenir un ange.

Tant pis si mon propos vous choque et vous dérange.
Qu'un cobaye ait une âme est pourtant minimal.
Au Paradis, pour moi, ce serait anormal
De trouver le chasseur et non pas la mésange.

Pourquoi donc réserver ses pleurs à l'être humain ?
Ce rongeur noir et roux qui tenait dans ma main
Avait droit d'être aimé, je le dis et le pense.

N'en déplaise à tous ceux qui vont s'en insurger,
Pour que l'éternité soit une récompense,
Les bêtes et les gens doivent la partager.

L'ERMITE

Tant pis si ma façon de vivre vous désole ;
Je suis un solitaire et tiens à le rester.
Je ne sais pas comment vous pouvez supporter
Tout ce bruit, ces odeurs d'essence ou de gazole.

Moi j'ai choisi l'air pur et non pas la prison.
Lorsque les bois feuillus me masquent vos immeubles,
Quand je sens sous mes pas s'enfoncer des sols meubles,
Osez donc affirmer que je n'ai pas raison.

N'ayez aucun souci pour ma santé mentale,
La folie est plutôt dans vos goûts citadins,
Et loin de vos cités, dans ma hutte en rondins,
J'éprouve un sentiment de liberté totale.

Mais, pauvres égarés, vous n'avez pas compris
Le bonheur de la vie au cœur de la nature.
On peut se coucher tôt, se passer de voiture,
Avoir pour vos valeurs le plus profond mépris.

L'eau fraîche au ruisselet qui coule en abondance,
Ce qui pousse au jardin, quelques fruits du verger,
J'ai tout ce qu'il me faut, le boire et le manger.
Le superflu, pour moi, n'a pas grande importance

Votre but, voyez-vous, ne fait que m'attrister :
Posséder toujours plus, amasser la richesse.
Mais le plus beau trésor restera la sagesse,
Et pour votre malheur, on ne peut l'acheter.

LES AMOURS CONTRARIEES

Elle a juste vingt ans et tout pour être heureuse.
C'est vrai qu'elle possède un minois ravissant,
Un métier lucratif autant qu'intéressant,
Et depuis quelques mois, elle est très amoureuse.

Coup de foudre soudain : son cœur a chaviré
Pour un corps sans défaut, pour un regard de braise,
Une bouche pulpeuse à la couleur de fraise,
Un merveilleux sourire, un grain de peau doré.

Mais cela, ses parents refusent de l'admettre,
Parlent de plus en plus de la déshériter.
Jamais ils ne pourront, ne voudront l'accepter,
Un tel péché, pour eux, ne doit pas se commettre.

Les peiner la chagrine. En outre, sans raison,
Ainsi que des frimas s'éloigne l'hirondelle,
Un par un, ses amis se sont détournés d'elle.
Comment ne pas souffrir de cette trahison ?

C'est sûr que cet amour les gêne, les dérange,
Leur paraît anormal, presque même un méfait.
Mais pourtant, c'est ainsi ! Qu'y peut-elle, en effet,
Si l'objet de sa flamme a pour prénom... Solange.

LE PIRE ENNEMI
(Rondel)

Le pire ennemi, c'est le temps
Que rien ni personne n'arrête.
Hier encore, on contait fleurette
Au grand amour de nos vingt ans,

Et nous voilà, presque impotents,
Rêvant de ces jours qu'on regrette.
Le pire ennemi, c'est le temps
Que rien ni personne n'arrête.

Un constat des plus attristants :
De notre première amourette
Au grand âge qui nous maltraite,
Tout n'est que fugaces instants.
Le pire ennemi, c'est le temps.

INITIATION

C'était un jour d'été dans un coin de campagne,
Un endroit merveilleux comme on n'en connaît plus.
J'avais, je crois, quatorze ou quinze ans, tout au plus,
Enfin, l'âge où l'on croit aux châteaux en Espagne.

Marchant sans but précis le long d'un champ de blé,
Je flânais, mains au dos, mâchonnant un brin d'herbe,
Lorsque soudain, je vis une femme superbe.
Allez savoir pourquoi, mon cœur en fut troublé.

Je n'avais jusqu'alors pas d'angoisses charnelles,
Aussi, je fus surpris d'éprouver tant d'émoi.
Mais quand cette beauté s'arrêta près de moi,
Je compris ces amours que l'on dit éternelles.

Sur mon visage en feu, ses yeux se sont posés.
Sa robe rouge sang tomba sur l'herbe tendre.
L'instant d'après nous vit tous les deux nous étendre,
Et plus rien ne compta que nos corps embrasés.

J'avais, comme on le dit, « perdu mon innocence » ;
Je ne me sentais pas coupable pour autant.
J'étais même, au contraire, on ne peut plus content,
Et la belle avait droit à ma reconnaissance.

Je n'ai jamais revu celle qui m'a laissé
Le plus beau souvenir de ma jeunesse enfuie.
Après bien des saisons, parfois encor, j'essuie
Un pleur en repensant à ce bonheur passé.

LE MAL DES BANLIEUES
(Sonnet)

Il faut qu'on s'interroge : en quel monde vit-on ?
Des villes, des cités, laides, tentaculaires,
Des quartiers dangereux que l'on dit populaires,
Des logis exigus aux parois de carton.

Cet environnement d'asphalte et de béton,
On en voit les effets, vraiment spectaculaires :
Pour les jeunes, la haine et les échecs scolaires...
Mais ce n'est de leur part qu'un retour de bâton.

De quel droit les priver d'espace et de verdure ?
Ils n'ont jamais appris l'amour de la nature
Ni vu de papillons se posant sur des fleurs.

On n'a pas trop le choix des lieux où l'on va naître.
Comment donc auraient-ils le respect des valeurs
Quand ils ne peuvent pas, simplement, les connaître.

LE DEPART DES ENFANTS

Quand on voit les enfants partir de la maison,
On se sent vieux soudain, pour tout dire inutile.
Le décor familier nous semble presque hostile,
Le foyer chaleureux n'est plus qu'une prison.

On se dit que le temps est une chose affreuse
Qu'on ne voit pas passer. Plus que la ride au front,
Perdre ainsi ses bambins est un terrible affront.
Dès lors, c'en est fini de notre vie heureuse.

On rôde, l'âme en peine, entre chambre et salon,
Se laissant envahir par de sombres pensées,
Le cœur lourd, l'œil humide, et les lèvres pincées,
Rêvant de cris joyeux ou de jeux de ballon.

Une table trop grande où l'on mange en silence
Et sans trop d'appétit, le logis bien rangé...
Comment croire un instant que rien n'aurait changé
Lorsque tout nous rappelle une pénible absence.

C'est un peu comme un deuil qu'il nous faut surmonter.
Pourtant nos chers petits, monstres d'indifférence,
Nous quittent sans remord, ignorant la souffrance
Qu'eux aussi, dans vingt ans, vont devoir affronter.

L'ABBE
(sonnet)

Si je jette un regard sur le siècle écoulé,
J'en vois surtout surgir quelqu'un de fantastique,
Un être généreux, humain, charismatique,
Grâce à qui tout exclu se sent moins isolé.

Car cet homme admirable, au charme inégalé,
Soldat de Dieu pourtant, mais pas prêcheur mystique,
A fait une œuvre immense et désormais mythique.
Emmaüs a permis l'espoir à l'esseulé.

Ce n'est pas par les mots d'un discours inutile,
Mais partageant leur sort dans cette rue hostile,
Qu'il a choisi d'aider ses frères malheureux.

Chacun sait désormais pourquoi la Terre entière
Respecte un nom connu de tous les miséreux,
Celui d'Henri Grouès, devenu l'Abbé Pierre.

DERNIERES VOLONTES
(sonnet)

Faites-moi, je vous prie, un ultime plaisir
Quand au soir de mes jours, j'aurai clos la paupière,
Pour partir à jamais reposer sous la pierre,
En ces lieux où chacun se doit d'aller gésir.

Il n'est pas malaisé d'exaucer mon désir.
Peu m'importe le chêne ou le pin pour ma bière,
Qu'on réserve où l'on veut ma place au cimetière,
Mais notez sans retard ce que j'entends choisir.

Pas de marbre ou de croix dessus ma sépulture,
Pour que ma tombe, ainsi, s'intègre à la nature,
Et forme, en quelque sorte, un charmant jardinet.

Que mon dernier lopin soit fleuri par la rose,
L'œillet, la capucine, ou même le genêt,
Et que de temps en temps, un pleur ému l'arrose.

LA ROUTE

Certains ne verront là qu'un ruban de bitume,
Inerte objet sans âme indigne d'intérêt,
Qu'ils empruntent, forcés, par routine et coutume.
Regardons au-delà de ce qu'il y paraît.

C'est bien plus, une route : une invite aux voyages,
Une porte s'ouvrant sur d'autres horizons,
Des climats différents, de nouveaux paysages,
Qui permet à loisir de changer les saisons.

Ce que j'affirme ici peut sembler fantastique,
Mais s'explique aisément. Réfléchissez, pardi !
On peut être, au matin, dans la brume nordique
Et lézarder le soir au soleil du Midi.

Il faut de temps en temps, bien sûr, faire une halte,
Mais on passe en un jour de l'automne à l'été.
Voilà, vous comprenez comment, grâce à l'asphalte,
Ce qui paraissait fou devient réalité.

Vous préférez l'hiver, les plaisirs de la glisse ?
Fuyez ce mois d'avril humide et nuageux.
Le macadam, toujours, sera votre complice
Pour gagner la montagne et ses sommets neigeux.

Votre moral est bas, la faute en est, sans doute,
A la fatigue, au stress... N'hésitez plus ! Demain,
Bouclez votre valise et puis prenez la route...
La fin de vos soucis est au bout du chemin.

L'APPEL DE LA FORET

Viens-t-en, ma belle, en la forêt profonde ;
Allons tous deux nous perdre dans les bois.
Sans clavecins, trompettes ni hautbois,
Discrètement, retirons nous du monde.

Près d'une source, au pied d'un sapin vert,
Nous bâtirons une hutte en branchage.
Peut-on rêver de plus charmant couchage
Qu'un simple lit de mousse à ciel ouvert ?

Au long des jours, sans soucis, sans contraintes,
Nous flânerons au gré de notre humeur,
Cueillant l'airelle ou la fraise primeur,
Et le vent seul connaîtra nos étreintes.

En t'éveillant au chant du rossignol,
Tu pourras voir, dans ce décor champêtre,
Un écureuil sautant de chêne en hêtre,
Ou sur l'humus, l'espiègle campagnol.

Entends l'appel de la forêt profonde.
Ne tardons plus à rejoindre les bois.
Discrètement, sans fifres ni hautbois,
Dès à présent, retirons nous du monde.

MISERE
(Sonnet)

Il avait comme abri les arches d'un vieux pont,
Et du vin bon marché pour compagnon fidèle.
Sa femme ? Il n'avait plus aucun souvenir d'elle.
Il s'appelait... Bernard, peut-être, ou bien Dupont.

Il ne regrettait pas son sort de vagabond,
Enviait simplement l'élégante hirondelle
Qui, vers les pays chauds, s'envole à tire-d'aile.
Le bonheur, à certains, fera toujours faux-bond :

Il fut de ces gens-là qu'un jour le froid terrasse,
Et pour ne pas laisser une trop grande trace,
N'eut en guise d'adieu que le chant des oiseaux.

Un autre miséreux lui ferma la paupière,
Puis fit glisser sans bruit, au plus profond des eaux,
Son corps maigre lesté par une lourde pierre.

ANGOISSE
(Rondel)

Verrai-je encore un autre été ?
On sait la Faucheuse inflexible.
L'échéance est imprévisible,
Mais notre temps nous est compté.

J'accepte la fatalité,
Mais n'y puis pas être insensible.
Verrai-je encore un autre été ?
On sait la Faucheuse inflexible.

Ne rêvons pas d'éternité,
Nous savons que c'est impossible,
Mais comment rester impassible,
Penser avec sérénité :
Verrai-je encore un autre été ?

APPREHENSION *
(ballade)

Il est triste d'avoir été
Puisque être est alors impossible.
Que notre temps nous soit compté
Ne peut me laisser insensible.
Si le corps n'était putrescible,
Mon esprit serait plus serein.
Mais j'ai ce doute incoercible.
Où serai-je au printemps prochain ?

J'accepte la fatalité,
Mon trépas est compréhensible,
Et loin de moi la vanité
De le trouver inadmissible,
Mais comment rester impassible
En pensant : « Si c'était demain... » ?
Ce tourment n'a rien de risible.
Où serai-je au printemps prochain ?

En supposant qu'éternité
Rime un jour avec accessible,
J'aurai, depuis longtemps, quitté
Ce monde palpable et visible.
Malgré qu'il soit irrémissible,
Mon fatal séjour souterrain
M'inspire une crainte indicible.
Où serai-je au printemps prochain ?

Envoi :

Faucheuse, on te sait inflexible,
Mais si ton passage est certain,
L'échéance est imprévisible :
Où serai-je au printemps prochain ?

* Ce poème est le même que le précédent, mais développé sous forme de ballade au lieu de rondel

FONTENOY LE CHATEAU

Un comble : être natif des Vosges verdoyantes
Et connaître si tard Fontenoy le Château,
Ce village charmant sis à flanc de coteau,
Où le Coney vous tend ses rives accueillantes.

Le canal alangui semble se souvenir
De ces bateaux chargés de roches graniteuses,
De couverts étamés, du travail des brodeuses...
Dommage que ces temps ne puissent revenir !

Ainsi, j'aurai vécu près de six décennies
Sans jamais contempler les ruines des remparts,
Ni celles du donjon, ni la Tour des Lombards,
Où différents passés mêlent leurs harmonies.

Mais qu'admirer le plus en ces lieux préservés :
Le vieux port se mirant dans une onde apaisante ?
Ce pignon décoré d'une fresque imposante ?
L'église et son portail ? La rue aux gros pavés... ?

C'est encore un secret mais je vous le confie.
Voilà ce qu'aujourd'hui, je viens de décider :
Mon désir est si grand, qu'il m'y faudra céder,
De m'installer ici pour y finir ma vie.

LE S.D.F.
(Sonnet)

Quoi qu'en disent certains, moi je n'ai pas choisi
De vivre une existence à ce point difficile.
Croit-on qu'on peut rêver d'être un "sans domicile",
Dormant sous des cartons, solitaire et transi ?

Quand on fait son repas d'un bout de pain moisi,
Peut-on trouver l'oubli de ce sort imbécile
Ailleurs que dans l'alcool, compagnon si docile...?
Ne vous moquez donc pas de mon teint cramoisi.

Avouez qu'on atteint l'absurdité totale :
Je voudrais remonter cette pente fatale,
Me coucher dans un lit, ne plus boire au goulot,

Mais comment s'en sortir lorsqu'on est en détresse ?
J'aurais peut-être un toit si j'avais du boulot,
Et sans doute un travail... si j'avais une adresse.

LA TORTURE

Le sable de l'arène est rougi de son sang.
L'animal affaibli titube de souffrance.
Bientôt viendra la mort, pour lui la délivrance,
La fin d'un jeu cruel, stupide, avilissant.

Le principal acteur de cette mascarade,
Lamentable héros d'un spectacle honteux,
Prend une joie immense à ce plaisir douteux,
Et fier d'être admiré, se rengorge et parade.

Du plus haut des gradins, l'on entend retentir
Les bravos de la foule acclamant le massacre.
C'est la férocité qu'on approuve et consacre.
C'est vraiment monstrueux d'ainsi se divertir.

Regardez la trembler, la pauvre créature.
Voyez s'abattre enfin ce grand corps épuisé.
Comment peut-on prétendre être civilisé
Et trouver noble et beau ce qui n'est que torture.

Il ne souffrirait pas, ce malheureux taureau ?
Il ne sentirait pas, dans ses chairs déchirées,
Se planter ces épieux aux pointes acérées ?
Allons donc ! Torero ? Disons plutôt... bourreau.

LA FEMME
(Sonnet)

J'ai toujours admiré la beauté féminine.
Rien n'est plus délicat que la courbe d'un sein
Dont un léger tissu souligne le dessin,
Et vers lequel on jette une œillade coquine.

Tout me séduit, m'émeut : la peau douce et si fine,
Les lèvres rouge vif, l'arrondi du bassin...
Mais ne me prêtez pas quelque penser malsain.
C'est l'esthétisme seul que ma muse lutine.

Un bref éclat troublant sous un cil langoureux
Peut quelquefois suffire à nous rendre amoureux.
La femme, de tous temps, mêle fantasme et rêve,

Étrange, énigmatique, imprévisible aussi.
Son mystère a du naître avec notre mère Ève,
Et risque peu, je crois, de se voir éclairci.

LA FUITE DU TEMPS
(Triolets)

Se peut-il qu'il soit si lointain,
Le temps heureux de mon jeune âge,
Ce merveilleux monde enfantin ?
Se peut-il qu'il soit si lointain ?
Quand je partais tôt le matin
Pour l'école ou le patronage,
Se peut-il qu'il soit si lointain,
Le temps heureux de mon jeune âge ?

Bien sûr, c'est court, une saison,
Et bien peu forment les années.
Il faut se faire une raison.
Bien sûr, c'est court, une saison.
Des semis à la fenaison,
Je n'ai pas vu fuir les journées.
Bien sûr, c'est court, une saison,
Et bien peu forment les années.

C'est aussi triste qu'évident,
Jamais le temps ne fait de trêve,
Et ne s'arrête un seul instant.
C'est aussi triste qu'évident.
Il est vraiment déconcertant
De voir combien la vie est brève.
C'est aussi triste qu'évident,
Jamais le temps ne fait de trêve.

LE RETOUR AU PAYS

Comme Ulysse autrefois, j'ai beaucoup voyagé,
Avant de revenir au lieu de ma naissance.
Cet endroit qui connut toute ma prime enfance,
Je constate à quel point j'y restais attaché.

Mon œil, lassé du ciel des pays exotiques,
Ou du charme douteux des grands centres urbains,
Retrouve avec émoi la verdeur des sapins,
Symbole incontesté des valeurs authentiques.

Quel bonheur de fouler la mousse des sous-bois,
D'égayer sa maison d'un bouquet de jonquilles,
De cueillir en passant quelques fraîches myrtilles,
Et de voir détaler un chevreuil aux abois.

Je m'emplis les poumons d'un air vif et tonique,
Chargé de doux parfums et de mille senteurs.
Un ruisseau qui cascade en tombant des hauteurs
Régale mon tympan d'une note harmonique.

Je savoure à nouveau tant de menus plaisirs :
Contempler simplement l'abeille qui butine,
Un papillon posé sur la blanche églantine...
Que demander de plus pour combler mes désirs ?

Les lourds épis de seigle, et les prés d'herbe tendre
Où paissent des troupeaux de bovins nonchalants,
Les petits chemins creux parcourus à pas lents,
Comme ils m'auront manqué... Je viens de le comprendre.

LE VIEUX TOMBEAU

J'aime à me promener dans un vieux cimetière,
Errer sans but précis parmi tous ces tombeaux
Où voisinent le gueux et la riche héritière
Dont la harde ou l'hermine est tombée en lambeaux.

A côté d'une croix, une date incertaine
Se devine au fronton d'un caveau délaissé.
Sur une pierre usée, on déchiffre avec peine
Sous la mousse verdâtre, un nom presque effacé.

J'ignore si celui devant qui je m'incline
Était un anonyme, un obscur inconnu
Pleuré par une veuve, une pauvre orpheline,
Dont on ne sut jamais ce qu'il est advenu.

Ou peut-être fut-il un bourgeois, un notable,
Un homme respecté par les gens de son temps.
Qu'importe : son destin était inéluctable,
Et nul ne pense plus à lui depuis longtemps.

Qui repose en ces lieux est aux autres semblable,
Eut-il été seigneur ou modeste artisan.
De leur vivant, la chose était inconcevable,
La mort unit le noble et l'humble paysan.

A quoi donc ont servi la gloire et la puissance ?
Et pourquoi posséder tant de biens et d'argent ?
Le bonheur est ailleurs : avoir en suffisance
De quoi vivre sans gêne est plus intelligent.

Mais l'homme est ainsi fait, il rêve de fortune.
Augmenter sa richesse est son seul objectif,
Toute autre ambition lui semble inopportune.
S'il savait à quel point son rêve est négatif !

Je vais dire à certains cette chose attristante.
Si même, quand on meurt, on possède un milliard,
Gardez bien à l'esprit cette idée évidente :
Jamais un coffre-fort ne suit un corbillard.

UNE VIE SAINE

On lui disait souvent : « Le tabac, c'est nocif.
Inhaler ce poison te raccourcit la vie,
C'est à lui que tu dois d'être à ce point poussif.
Et puis, ne plus tousser, n'en as-tu pas envie ?
Sans compter tout l'argent que ce vice engloutit !
Avant qu'il soit trop tard, sois raisonnable, arrête. »
Ces reproches sans fin lui coupaient l'appétit ;
Il dut abandonner sa chère cigarette.

Il entendait aussi : « L'alcool, c'est dangereux.
Un petit verre, un autre, on passe vite à quatre,
Si ce n'est beaucoup plus. Résultat : teint cireux,
Un tremblement des mains, le blanc des yeux jaunâtre… »
Il ne buvait pourtant, à la fin du repas
Que deux doigts de bourgogne au moment du fromage.
« Oui, mais c'est déjà trop, il n'en faut vraiment pas. »
Il supprima le vin, en pensant « c'est dommage ».

Sur le petit écran, de l'aube jusqu'au soir,
Défilait sans répit l'inquiétant message :
« Éviter gras, sel, sucre, on n'y doit pas surseoir ».
Il suivit ce conseil qui lui paraissait sage.
Adieu donc chocolat, rillettes et pâté,
Finis chapons dodus, plats en sauce ou friture,
Ne tergiversons pas s'il s'agit de santé.
Et bien fade, dès lors, devint sa nourriture.

Il vivrait plus longtemps… Mais vivre sans plaisir
En se privant de tout, c'est une pénitence !
A refouler ainsi le plus petit désir,
Quel attrait peut-on bien trouver à l'existence ?
Il faisait tous les jours ce constat désolant.
Un matin, déprimé plus qu'il n'est supportable,
Il saisit une corde, y fit un nœud coulant,
Et se pendit au lustre en sautant de la table.

STRESS AUTOMNAL

La nature a repris les couleurs de l'automne,
Le paysage, alors, semble comme endeuillé.
Un geai, tout engourdi, que la froidure étonne,
Se blottit dans un chêne à demi défeuillé.

Voici donc à nouveau les frimas de novembre,
Les jours beaucoup plus courts et le gel matinal,
Le givre décorant les carreaux de la chambre.
La terre se prépare au sommeil hivernal.

On a peine à penser que sur ce sol aride
Ondulaient des blés d'or trois mois auparavant,
Qu'un si pâle soleil pouvait être torride,
Et bienfaisante aussi la caresse du vent.

Comme les prés, les champs, mon cœur est en jachère ;
Mon humeur est semblable au cycle des saisons.
Vienne le temps des fleurs, et mon âme est légère
Mais chagrine et maussade à celui des tisons.

EN MONTAGNE
(sonnet)

C'est un endroit superbe où le chevreau gambade,
Foulant de son sabot la lavande et le thym,
Un petit paradis où, très tôt le matin,
Je suis souvent venu composer une aubade.

Ce décor idyllique incite à l'escapade.
Tout le souci du monde apparaît si lointain
Que plus aucun tracas, dirait-on, ne m'atteint,
Emporté par le flot d'un torrent qui cascade.

La marmotte, parfois, dans le printemps naissant,
Se hasarde à montrer son museau frémissant.
Le progrès, par ici, n'a causé nul ravage

Au charme d'un sommet, à la fraîcheur d'un ru.
La nature a gardé cette beauté sauvage
Qui semble avoir ailleurs à peu près disparu.

LA FILLE DE JOIE
(Sonnet)

Elle arborait, ainsi que le veut la coutume,
Une rousseur vulgaire, aguichait le chaland
D'un clin d'œil racoleur, et d'un pas triste et lent,
Du crépuscule à l'aube arpentait le bitume.

Dans un bouge enfumé, son homme en beau costume
Disputait, flegmatique, un poker nonchalant,
Tandis qu'elle exerçait son minable talent,
Avec au cœur, parfois, quelque peu d'amertume.

C'est qu'il fallait tenir jusqu'au petit matin,
Oublier qu'on n'a pas toujours été catin,
Supporter le regard qui réprouve ou méprise.

Et puis, quand il viendrait "relever le compteur",
Elle devrait en plus recevoir sans surprise
Les gifles ou les coups de son cher protecteur.

CREPUSCULE
(faux sonnet)

Le soir, quand le soleil se fait de pourpre et d'or,
Une angoisse imprécise, au fond de moi, sommeille,
Car ce jour finissant se meurt, et non s'endort.
Un nouveau, chaque fois, naît lorsque je m'éveille.

Un tel tourment me ronge et jamais ne guérit.
C'est un lambeau de temps qui s'éloigne et trépasse.
Fragment d'éternité, ce présent qui périt
En devenant passé, tout simplement, s'efface.

Le temps, donc, nous emporte et prend notre avenir,
Fait de nos lendemains un furtif souvenir.
Dirai-je assez l'horreur de ce jour qui bascule ?

Je ne saurai jamais, quand je ferme les yeux,
S'il faut dire au revoir ou faire mes adieux.
Oh ! La triste laideur de ce beau crépuscule...

REINCARNATIONS

J'ai vu le Pharaon pourchasser les Hébreux,
Et la mer s'écarter sur ordre de Moise.
J'étais à la Bastille avec ceux qui l'ont prise.
J'ai même combattu Charlemagne et ses preux.

Je suis resté longtemps, tout seul, dans la caverne,
A surveiller le feu qui m'était confié.
J'étais près de Jésus qu'on a crucifié.
J'ai fréquenté Clovis, Ronsard et Jules Verne.

J'avoue avoir pleuré, comme pleure un enfant
Quand au bûcher monta la vaillante Pucelle.
Pilâtre de Rozier m'a pris dans sa nacelle.
Hannibal me devait son plus bel éléphant.

La peste m'a frappé dans la ville infidèle.
Ce fut moi l'inventeur du premier alphabet.
François Villon m'a vu périr sur le gibet.
Ma sœur, à Léonard, a servi de modèle.

J'étais là quand Brutus a brandi son couteau.
C'est aussi sous mes yeux qu'un tribunal sévère
Condamna Galilée. Et quand j'étais trouvère,
François, premier du nom, m'hébergeait au château.

On a pu me connaître en grognard de l'Empire,
En barbare inhumain aux côtés d'Attila,
Ou dans l'intimité du Comte Dracula.
Mais mon passé n'est rien, mon avenir est pire.

Je suis né tant de fois, je suis mort si souvent,
Je devrai tant renaître, et décéder encore...
L'intérêt d'exister s'émousse et s'édulcore.
Il me semble aujourd'hui n'être qu'un mort-vivant.

HOMMAGE A
MONSIEUR PIERRE HAUGER
(sonnet)

Voilà plus de trente ans que j'aurais dû le faire :
Excusez, je vous prie, un retard monstrueux,
En ne refusant pas, d'un cancre paresseux,
Cet hommage tardif, mais pourtant bien sincère.

L'oubli particulier qu'à tout, le temps confère,
Effaçant du passé les aspects ténébreux,
M'a laissé, de vos cours, les souvenirs heureux.
Vous demeurez l'exemple auquel je me réfère.

Un si bon pédagogue eut-il un successeur ?
A présent, verrait-on semblable professeur...?
Soit dit sans flatterie, on a peine à le croire,

Tant vous mettiez de cœur à votre tâche. Aussi,
J'ai votre enseignement gravé dans la mémoire,
Et peux tout résumer par un seul mot : "Merci !"

UN REVE

J'ai rêvé cette nuit d'un monde merveilleux :
Plus aucun fou d'Allah n'y distillait sa haine,
Et les gens de couleur se souvenaient à peine
Que la vie eut été si pénible pour eux.

On redonnait leur terre aux derniers des Apaches.
A Kaboul, à Bombay, l'on mangeait à sa faim.
Le terrible Sida se guérissait enfin,
Et l'on ne parlait plus d'ESB pour les vaches.

On pouvait à nouveau, le soir, dans les cités,
Se promener sans crainte, y laisser sa voiture.
Plus un seul promeneur ne souillait la nature,
Et c'en était fini des « incivilités ».

Plus de vols, d'attentats, d'actes de malveillance,
Plus de fous du volant, de chauffards agressifs.
Même, on ne voyait plus de buveurs excessifs,
De drogués, ou d'enfants souffrant de maltraitance.

Hélas, à mon réveil, en ouvrant le journal,
J'ai bien dû constater que ce n'était qu'un rêve.
Le malheur n'avait pas marqué la moindre trêve...
La Terre était toujours un chaudron infernal.

DOUCEUR NATALE

Je suis né dans un vieux village
Où mon père était laboureur.
Mais voilà, j'ai commis l'erreur
De n'y point vivre tout mon âge.

C'était si beau les chants d'oiseaux,
Le bruit du vent dans la ramure,
Le petit ruisseau qui murmure
En serpentant dans les roseaux.

Bien à l'abri sous la toiture,
Qu'il faisait bon, dans nos maisons,
Regarder passer les saisons,
Écouter vivre la nature.

On pouvait voir des papillons
Sur le blé qu'on mettait en gerbe,
Et moi, je m'allongeais dans l'herbe
Où se poursuivaient les grillons.

Je me souviens, certains dimanches,
D'un sapin que j'avais planté...
Un peu de mon cœur est resté
Accroché là-bas dans ses branches.

Vous aurai-je assez regrettés,
Bois et vallons de mon enfance,
Et pleure en moi, comme une offense,
Le jour où je vous ai quittés.

BON ANNIVERSAIRE
(faux sonnet)

Pas de bijoux en or sertis de pierre fine,
Ou de coûteux parfums aux troublantes odeurs,
Ni des tissus soyeux à la moire divine...
Je ne vais pas t'offrir le Monde et ses splendeurs.

Mon cadeau peut sembler on ne peut plus modeste :
Quelques fleurs qui poussaient à l'ombre d'un bosquet,
Présent n'ayant de prix que la valeur du geste.
Ma tendresse est entière enclose en ce bouquet.

Entre le bouton d'or et la blanche aubépine,
Tu trouveras ces vers, sous la frêle églantine,
Éclos ce matin même au jardin de mon cœur.

Ces simples fleurs des champs et ce petit poème
Seront pour toi, j'espère, un émouvant « je t'aime »
Tendrement exprimé par un clin d'œil moqueur.

ET SI C'ETAIT VRAI...?
(poème en vers blancs) *

C'est un récit fictif ; enfin, mieux vaut le croire.
Cela se passe ici, mais à une autre époque,
Bien loin dans le futur... Par hasard, un enfant
Trouve un livre bizarre, un très très vieux grimoire
Qui parle de "soleil", de "saisons", de "campagne",
Évoque les "brins d'herbe" ou bien les "papillons"...
Tous ces mots inconnus au sens indéchiffrable...
L'enfant comprend alors qu'il vient de découvrir
Un ouvrage interdit datant des temps anciens,
De ces temps reculés, mystérieux, obscurs,
Dont on n'a plus le droit de parler en public,
Mais que parfois encore on évoque en secret.
Émerveillé, troublé, ravi par sa trouvaille,
L'enfant voudrait bien sûr en savoir un peu plus.
Mais à qui demander ? Qui le renseignera ?
C'est alors qu'il décide, avec un grand courage,
D'aller trouver..."l'Ancien". L'Ancien, cet homme étrange,
Un être solitaire, incivil, marginal,
Qui ne reconnaît pas l'autorité du Guide,
Vit hors de la Cité, sans implant cervical.
Est-ce un sage ? Est-ce un fou ? Nul ne le sait vraiment.
On préfère, il est vrai, ne pas trop l'approcher.
Il fait peur, on le craint, alors évidemment,
On raconte sur lui des choses insensées :
Qu'il ne prendrait jamais de gelée à nourrir,
Mais mangerait des corps, oui, des corps d'animaux !
On dit n'importe quoi, même qu'il serait né
Du ventre d'une femme et non dans un couvoir...

Admettez qu'il convient d'être très courageux,
Quand on n'a que douze ans, pour aller voir cet homme.
Aussi, tremblant un peu lorsqu'ils sont face à face,
L'enfant, sans dire un mot, tend le livre à l'Ancien.
Et dans l'œil du vieil homme, au regard doux et bon,
Soudain perle une larme au coin de la paupière.
Il feuillette l'ouvrage en ne se pressant point,
Tournant page après page avec délicatesse,
Puis demande au gamin : « — *D'où tiens-tu ce trésor ?* »
Ainsi que son regard, sa voix n'est que douceur.
L'enfant se sent alors tout à fait rassuré,
Et répond simplement : « — *Je l'ai trouvé tantôt,*
Mais je ne comprends pas les mots qui sont écrits.
Ils semblent désigner des choses que j'ignore. »
« — *En effet, mon garçon, tu ne peux pas savoir*
Ce qu'étaient le soleil, les sources, les forêts,
Ni combien c'était bon quand un souffle de vent
Dans la fraîcheur du soir caressait ton visage.
Je le sais de mon père, et lui l'a su du sien.
Ainsi la vérité se transmet d'âge en âge,
Malgré que tout soit fait pour que chacun l'oublie.
Viens t'asseoir près de moi, je vais te raconter... »

Et le vieux raconta comment c'était avant,
En des temps oubliés, bien loin dans le passé,
Lorsque les gens vivaient encore à la surface...

Ce qu'il apprit alors, l'enfant n'osait y croire
Tant c'était différent de ce qu'il connaissait.
Convaincu malgré tout que l'Ancien disait vrai,
Il voulait tout savoir, l'interrompait parfois,
Se faisant préciser un détail étonnant :
« — *Tu dis que sur la tête, on n'avait rien du tout ?*
Pas de voûte en béton ? C'était très dangereux ! »
« — *Pourquoi donc, dangereux ? Ce qui pouvait tomber,*

C'était juste de l'eau. » — « *De l'eau ? C'est impossible !*
L'eau, ça n'existe pas, il faut la fabriquer
Comme on fait la lumière ou le gaz qu'on respire ! »
« *— En ce temps-là, petit, tout était naturel :*
La clarté du soleil, et l'air pur, et la pluie...
Le jour se levait seul, la nuit tombait de même.
Il faisait froid l'hiver, mais chaud pendant l'été.
On pouvait se nourrir en pêchant des poissons,
En plantant une graine, en cueillant quelques fruits,
Et les bébés naissaient par un acte d'amour
D'un père et d'une mère, au sein d'une famille... »
L'Ancien parla longtemps. Il décrivit la mer,
Raconta les bateaux qui glissaient sur la vague,
Expliqua la montagne aux sommets enneigés,
Le chant du rossignol niché dans la ramure,
Et l'odeur des sous-bois quand l'averse a cessé...

L'enfant restait quand même un petit peu sceptique :
« *— Mais alors, si le Monde était ce paradis,*
Que s'est-il donc passé pour qu'il change à ce point ?
Il a fallu, c'est sûr, un affreux cataclysme ! »
« *— Hélas non, mon enfant. Pour ce triste gâchis,*
Ce terrible désastre, il a suffi que l'Homme
Se soit imaginé qu'il était inutile
D'admirer la Nature et de la respecter... »

* Les vers blancs sont des vers qui ne riment pas

LE DIEU DE LA MONTAGNE

La montagne rebelle aux sommets enneigés…
Pourquoi faut-il que l'homme, au péril de sa vie,
Veuille vaincre à tout prix ce géant qu'il défie,
Pics de glace et de roc, vers le ciel érigés.

A quoi correspond donc une telle attitude ?
Que peut-on découvrir en cet endroit maudit ?
Qui sait si ce n'est pas le domaine interdit
De quelque dieu farouche épris de solitude.

Lors, celui-ci se fâche, et le profanateur
Voit s'ouvrir sous ses pas la crevasse traîtresse,
Ou s'abattre sur lui la neige vengeresse.
La montagne a gardé l'impudent visiteur.

Ne nous étonnons pas de cette fin tragique,
Il faut y voir plutôt un juste châtiment.
On ne peut pas braver les dieux impunément
Et ce trépas brutal s'inscrit dans la logique.

BALLADE DU MAUVAIS GARCON
(ballade)

Mauvais garçon je suis et le confesse,
Toujours vivant dans l'illégalité.
Jamais ne vais, le dimanche, à la messe.
Idem, souvent, me suis mal comporté,
Ayant parfois le gibet mérité.
Mais si, pourtant, mes devoirs je délaisse,
Grande est ma foi par devers ma Maîtresse.
Si je devais à la Vierge faillir,
J'en fais ici solennelle promesse,
Nul n'en aurait plus que moi repentir.

Quant à ma mère, eut tant peine et détresse.
Trop bien le sais, et l'ai fort regretté,.
Homme je suis, plein d'humaine faiblesse,
Et mainte fois, par mes sens emporté,
Lui fit chagrin. J'en suis tout dépité,
Et vous le dis, nonobstant ma tristesse,
Point ne saurais changer, que je ne cesse.
La pauvre femme en pourrait bien mourir
Avant d'avoir l'âge de la vieillesse,
Nul n'en aurait plus que moi repentir.

Mes compagnons, sous abord de rudesse,
Ont cœur empli de douceur et bonté.
Aucun n'aurait d'attitude traîtresse
Quand l'un de nous, de par la Prévôté,
A quelque ennui touchant sa liberté.

Point n'est besoin d'être issu de noblesse,
Non plus d'avoir castel ou grand'richesse,
Pour ne jamais l'un ou l'autre trahir.
Rien qu'y songer me chagrine et me blesse,
Nul n'en aurait plus que moi repentir

Envoi

Princes, veuillez ne pas voir que bassesse
En ma personne, ou bien scélératesse.
Ayez pitié, quand me faudra partir...
Si devait Dieu m'enlever sa tendresse,
Nul n'en aurait plus que moi repentir.

Cette ballade est construite sous la forme en usage au temps de François Villon
- vers décasyllabiques avec césure au quatrième pied
- strophes de dix vers sur le schéma ABABBAACAC pour les strophes et AACAC pour l'envoi.

LE BONHEUR ETERNEL

L'heure est déjà, peut-être, au cadran de ma montre,
De prendre le chemin d'où l'on ne revient pas.
Ceux qui m'ont précédé viendront à ma rencontre,
M'aidant à savourer la douceur du trépas.

Je quitterai ce Monde, et ce corps inutile,
Et je serai la Paix, l'Amour, la Liberté…
Je serai chant d'oiseau dans le grand bois hostile,
Et le plus chaud rayon du soleil de l'été.

Je serai cette odeur de fleur à peine éclose,
Lilas, muguet, jasmin, qui parfume le vent,
La fraîche humidité que l'aurore dépose,
Et le charme subtil d'un poème émouvant.

Je serai la bonté de tous ceux qui pardonnent,
Le désir qui se lit dans les yeux des amants,
Leurs élans, leurs baisers, le bonheur qu'ils se donnent,
Et le doux souvenir de leurs plus doux moments.

Je serai l'océan, le sable de la plage,
La source qui murmure au milieu du gazon,
Et le bleu si profond d'un azur sans nuage.
Je serai l'arc en ciel au bout de l'horizon.

Je serai la pervenche égayant la prairie,
Le chant joyeux du coq saluant le matin,
L'abeille qui butine une rose fleurie,
Le calme de la nuit... Et puis, un jour lointain...

Tu me verras venir, tranquille, à ta rencontre,
T'aidant à savourer la douceur du trépas.
L'heure est déjà, peut-être, au cadran de ma montre,
De prendre le chemin d'où l'on ne revient pas.

LE CHATEAU DE BROCHON

Inspirant à Daudet son sous-préfet champêtre,
Le poète a marqué les esprits de son temps.
Et qui le connaît bien se souviendra peut-être
Des mots qu'il prononça voici déjà longtemps :

« Il nous manque en Bourgogne un château de la Loire... »
Brochon naquit un jour de ce simple constat.
Liégeard a, c'est certain, d'autres titres de gloire,
Mais peut s'enorgueillir de ce beau résultat.

Bühler, Perreau, Leprince ont conçu ce chef d'œuvre
Que grâce à sa fortune, il avait financé.
Les vignerons locaux ont fourni la main d'œuvre,
Permettant à son rêve, ainsi, d'être exaucé.

S'il est vrai qu'un objet pourrait avoir une âme
C'est bien cet édifice, élégant monument
Où l'on peut admirer la « chambre de Madame »
Au plafond remarquable et peint si joliment.

Ce bâtiment superbe a noble et fière allure.
Il sait être imposant, mais pourtant gracieux.
De l'escalier d'honneur à la moindre moulure,
Tout est pensé, voulu, pour le régal des yeux.

Bien que le style en soit très néo-renaissance,
Inspiré de Chambord, de Blois, de Chenonceau,
Il est pourtant unique en sa magnificence,
Et le sol bourguignon est vraiment son berceau.

LE REPAS

Il marche, titubant, sous un soleil torride.
Il fait si chaud, si lourd, que c'en est suffocant.
Jusqu'où marchera-t-il, et surtout, jusqu à quand ?
Il sait qu'il va finir dans ce désert aride.

Six ou sept charognards forment dans l'air poisseux
Une ronde inlassable, éprouvante et cruelle.
Même les plus hardis, de la serre ou de l'aile,
Ont déjà quelquefois frôlé son corps osseux.

A quoi bon prolonger cette fuite inutile.
Depuis longtemps, bien sûr, l'autre a fait demi-tour.
Mais pour lui, ce voyage est hélas sans retour.
Il sent rôder la Mort dans ce décor hostile.

Dans un ultime effort, il fait encore un pas,
Tombe, et reste à jamais étendu sur le sable...
Pour chacun, se nourrir est chose indispensable :
Aujourd'hui, les vautours ont trouvé leur repas.

QUESTION EXISTENTIALISTE
(Sonnet lozérien) *

Lorsqu'on voit s'approcher le tout dernier matin
D'une si courte vie,
On se prend à rêver, avec un peu d'envie,
A quelque autre destin.

L'existence, à vrai dire, est comme un grand festin
Auquel on nous convie,
Mais le temps de s'asseoir, la table est desservie.
On y perd son latin.

Et quand, le temps venu, l'âme au corps est ravie,
Le Ciel n'est pas certain.
Quelle voie, en ce cas, se doit d' être suivie ?

Mécréant… ? Calotin… ?
Ma demande, à ce jour, demeure inassouvie.
Dieu n'est qu'un plaisantin...

Le sonnet lozérien est une nouvelle forme fixe reconnue par les instances poétiques. Création commune de l'auteur et de Léon Bourrier, il se définit comme suit :
- 2 quatrains, 2 tercets
- Commence indifféremment par une rime masculine ou féminine
- 2 rimes seulement suivant le schéma ABBA ABBA BAB ABA
- les vers impairs sont des alexandrins, et les vers pairs des demi-alexandrins

UNE VIE DE REVE
(Sonnet)

Qui n'a jamais rêvé de nouvelle existence,
De briser la routine et changer son destin,
S'en aller pour toujours vers un pays lointain,
Une île où les soucis n'ont aucune importance.

Ce désir qui me hante avec tant d'insistance
Devient si grand, si fort, que sans doute, un matin,
Malgré le risque osé d'un futur incertain,
Je pourrais mettre un terme à toute résistance.

L'océan m'offrira de succulents poissons.
Je vivrai, demi nu, sous ces bleus horizons,
Dormant au bord de l'eau lorsque m'en vient l'envie.

Je calmerai ma faim grâce aux palmiers dattiers,
J'étancherai ma soif aux fruits des cocotiers,
Et chaque jour sera le plus beau de ma vie.

TOUT LE MONDE
A LE DROIT DE MANGER

Il lui faut apaiser la faim qui le tenaille,
Et pourvoir aux besoins de ses deux rejetons.
Il s'arrête soudain, son corps maigre tressaille,
La-bas, dans le pacage, un troupeau de moutons...

Le loup choisit sa proie, une bête apeurée
Qui ne peut échapper aux crocs du prédateur.
La lutte est inégale et de courte durée.
Le fauve a de quoi faire un repas salvateur.

Le berger parlera d'un tort considérable,
Pourtant, ses revenus ne sont pas en danger
Puisqu'il sera payé par le contribuable.
L'argent de nos impôts vaut celui du boucher.

Quel était le destin du bêlant herbivore ?
Il devait bien finir abattu, puis mangé.
Qu'un gourmet le déguste, ou qu'un loup le dévore,
Je ne vois pas, pour lui, grand chose de changé.

DIANA
(sonnet)

Elle était si jolie, aimable et généreuse,
Mais le sort fut contraire à notre Lady Di.
Chacun de nous, je crois, resta comme étourdi
En apprenant sa mort, brutale autant qu'affreuse.

Elle avait retrouvé, rayonnante, amoureuse,
Un tout nouveau bonheur aux côtés de Dodi.
Tant de malchance, hélas, nous laisse abasourdi.
On peut être princesse, et pourtant malheureuse.

Un époux bien volage, et qui la méprisait ;
Le protocole aussi l'étouffait, lui pesait...
Beaucoup pourraient s'aigrir d'une telle existence.

Mais elle, avec un cœur débordant de bonté,
Combattait la misère et portait assistance,
Sans ménager sa peine, au plus déshérité.

NOEL

Le repas de Noël est déjà préparé.
Un bon feu de sarments crépite au fond de l'âtre,
Éclairant faiblement, de son reflet rougeâtre,
Les paquets entourant le sapin décoré.

La bague ou le collier qu'on offre à sa compagne
Repose sur la soie, en un superbe écrin.
Chacun va faire honneur, avec un bel entrain,
A la dinde aux marrons, à la bûche, au champagne.

Un joyeux carillon tinte au lointain clocher.
Près de l'Enfant Jésus, les bergers font silence.
On se sent l'âme en paix, le cœur plein d'indulgence,
Et les bambins ravis tardent à se coucher.

Mais pour certains, l'hiver c'est la faim, la souffrance,
C'est une main rougie à la peau crevassée,
Et rare est le sourire à la lèvre gercée
Pour qui n'a d'autre but qu'une éternelle errance.

Mon bonheur, en ce cas, ne peut être parfait.
C'est donc au Tout-Puissant que mon propos s'adresse :
Ne plus voir, l'an prochain, tant de gens en détresse,
C'est le plus beau cadeau qui pourrait m'être fait.

DIVORCE
(Triolets)

Voici l'automne et ses frimas,
Sa tristesse avive ma peine.
Te souviens tu que tu m'aimas ?
Voici l'automne et ses frimas.
Malgré ce que tu m'affirmas,
L'amour a fait place à la haine.
Voici l'automne et ses frimas,
Sa tristesse avive ma peine.

N'en as-tu plus le souvenir,
De nos serments irrévocables,
De nos beaux projets d'avenir ?
N'en as-tu plus le souvenir ?
Rien ne devait nous désunir,
Mais les saisons sont implacables.
N'en as-tu plus le souvenir,
De nos serments irrévocables ?

Je vois surgir à l'horizon
Le spectre de la solitude.
C'est le malheur que, sans raison,
Je vois surgir à l'horizon.
A cause de ta trahison,
Je n'ai que cette certitude :
Je vois surgir à l'horizon
Le spectre de la solitude.

NE CUEILLEZ PAS LES FLEURS
(Triolets)

Laissez fleurir l'œillet des prés,
Le bouton d'or et l'angélique,
Les coquelicots empourprés.
Laissez fleurir l'œillet des prés.
Leurs gais coloris diaprés
Veulent un décor bucolique.
Laissez fleurir l'œillet des prés,
Le bouton d'or et l'angélique.

Ne cueillez pas le frais muguet,
La jonquille ou la marguerite.
Pourquoi mutiler ce bosquet ?
Ne cueillez pas le frais muguet.
Au sein du plus joli bouquet,
Leur éclat se ternit bien vite.
Ne cueillez pas le frais muguet,
La jonquille ou la marguerite.

MIEUX VAUT TARD QUE JAMAIS

Espérer le bonheur tout au long d'une vie,
Et le trouver enfin à soixante ans passés...
Je n'imaginais plus que ma secrète envie
Et mon rêve un peu fou se verraient exaucés.

J'ai pourtant retrouvé mon amour de jeunesse,
Celle pour qui battait mon cœur d'adolescent.
Un regard a suffi pour qu'aussitôt renaisse
Un merveilleux émoi, toujours aussi puissant.

Voilà donc, maintenant, près de cinq décennies
Qu'un sort funeste a fait bifurquer nos chemins,
Mais j'ai toujours gardé quelques lettres jaunies,
Tes chers mots doux d'alors, précieux parchemins.

Si j'ai la ride au front et la tempe un peu grise,
Mon âme a conservé sa juvénile ardeur.
Sur les vrais sentiments, le temps n'a pas d'emprise ;
L'avenir, pour nous deux, promet d'être enchanteur.

Car j'ai vu dans tes yeux cette brève étincelle
Prouvant que, toi non plus, tu n'as pas oublié
Cette époque bénie où, tendre jouvencelle,
Tu croyais ton futur à mon destin lié.

De chagrin, de regret, de remord inutile,
Nous avons eu chacun bien plus que notre part.
Dès lors, ne tardons plus à vivre notre idylle,
Elle peut désormais prendre enfin son départ.

TOUT A UNE FIN

Je crains d'avoir écrit les derniers de mes vers.
Ma muse est en sommeil et mon encre est gelée.
Mon inspiration, soudain, s'en est allée,
Comme fuit l'hirondelle à chacun des hivers.

De mon sens créatif, que le feu se rallume !
Pour retrouver mon style et ma verve d'antan,
Je ferais don, je crois, de mon âme à Satan.
Que n'oserais-je pas pour ranimer ma plume.

L'époque est donc finie, où je faisais rimer
Raison et trahison, silence avec absence,
Ces mots que j'assemblais jadis avec aisance,
En ces jolis rondels que j'aimais déclamer.

Je composais pourtant de belles villanelles,
Je maîtrisais fort bien les règles du sonnet,
Je pouvais dire aussi : le lai, ça me connaît.
Ces nobles facultés me semblaient éternelles.

Mais c'était sans compter sur l'usure du temps,
Cet ennemi sournois et féroce, implacable.
De trousser des quatrains, je ne suis plus capable...
Ce n'est pas gai du tout de fêter ses cent ans.

7	Premier amour
8	Les beautés naturelles
9	Le printemps
10	La Provence
11	Les cousins
12	San-Antonio
13	Acrostiche pour Frédéric
14	Merci Patrice
15	L'exode rural
16	Hugo, prénom Victor
17	Suzy
18	Le reniement
19	Timmy
20	L'urbanisation
21	La poésie
22-23	La rencontre
24	La rivière
25	Les produits du terroir
26-27	Vieillir
28	Le clown
29	Transhumance
30-31	Margot
32-33	L'enfance
34	Le derrière
35	Le muscat de Frontignan
36	La future maman
37	L'amante endormie
38	L'indien
39	L'andouille du Val d'Ajol
40-41	Adieu mon enfance
42-43	La veillée
44	Rajeunir
45	Le chômeur
46	Fleurs sauvages

47	Mon paradis
48	Le dealer
49	La femme et la mer
50	Le clochard
51	Le cobaye
52	L'ermite
53	Les amours contrariées
54	Le pire ennemi
55	Initiation
56	Le mal des banlieues
57	Le départ des enfants
58	L'abbé
59	Dernières volontés
60	La route
61	L'appel de la forêt
62	Misère
63	Angoisse
64-65	Appréhension
66	Fontenoy le Château
67	Le SDF
68	La torture
69	La femme
70	La fuite du temps
71	Le retour au pays
72-73	Le vieux tombeau
74-75	Une vie saine
76	Stress automnal
77	En montagne
78	La fille de joie
79	Crépuscule
80-81	Réincarnations
82	Hommage à Monsieur Pierre Hauger
83	Un rêve
84	Douceur natale
85	Bon anniversaire

86 à 88	Et si c'était vrai... ?
89	Le dieu de la montagne
90-91	Ballade du mauvais garçon
92-93	Le bonheur éternel
94	Le château de Brochon
95	Le repas
96	Question existentialiste
97	Une vie de rêve
98	Tout le monde a le droit de manger
99	Diana
100	Noël
101	Divorce
102	Ne cueillez pas les fleurs
103	Mieux vaut tard que jamais
104	Tout a une fin

© 2017, Daniel Durand

Edition : BoD - Books on Demand
12/14 rond-point des Champs Elysées, 75008 Paris
Imprimé par Books on Demand GmbH, Norderstedt, Allemagne
ISBN : 9782322157549
Dépôt légal : Mai 2017